Hermann Bahr

Der Antisemitismus - ein internationales Interview

Hermann Bahr

Der Antisemitismus - ein internationales Interview

ISBN/EAN: 9783744604567

Hergestellt in Europa, USA, Kanada, Australien, Japan

Cover: Foto ©ninafisch / pixelio.de

Weitere Bücher finden Sie auf **www.hansebooks.com**

Von Hermann Bahr erschienen im gleichen Verlage:

Die gute Schule. Ein moderner Roman.
Geh. M. 3.—. gebd. M. 4.—.
Dora. Novellen. Zweite Auflage. Geh. M. 2.—.
Neben der Liebe. Wiener Sittenroman. Geh. M. 3.—.
Die häusliche Frau. Lustspiel. Geh. M. 1.50.

———————

Der Antisemitismus.

Ein internationales Interview.

Von

Hermann Bahr.

Berlin.
S. Fischer, Verlag.
1894.

Meinem lieben Freunde

Dem kaiferlichen Rate

Dr. Emil Auſpitzer.

Wien, September 1893.

Inhalt.

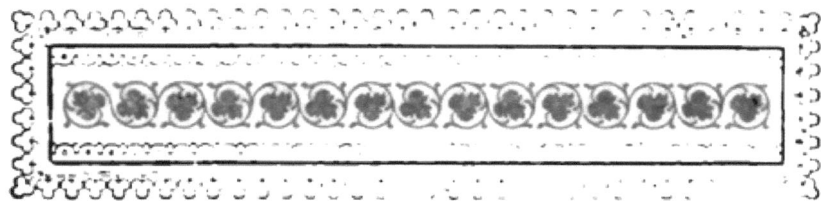

Ich fahre wieder einmal ein bißchen in der Welt und horche die Leute aus, was sie meinen und sagen. Ich will sie jetzt über den Antisemitismus vernehmen. Nicht um Gründe für und gegen ihn zu sammeln, die billig und ohne Wirkung sind; sondern um in verwirrten Tagen ohne Zorn und ohne Liebe ein paar glaubliche Dokumente zu gewinnen, wie von dieser Frage wirklich die Gebildeten der verschiedenen Völker, der verschiedenen Staaten heute denken.

Es giebt viele Bücher über die Sache. Die einen sind gescheidt, die anderen sind dumm, aber keines trifft sie. Sie reden immer an ihr vorbei. Sie thun, als ob es Gründe und Beweise gelte. Aber ich glaube, es gilt vielmehr ganz was anderes.

Ich habe da meine besondere Meinung — ich dränge sie niemandem auf, aber vielleicht darf ich sie sagen.

Der Antisemitismus will nur sich selber. Er ist nicht etwa ein Mittel zu einem Zwecke. Der einzige Zweck des Antisemitismus ist der Antisemitismus. Man ist Antisemit, um Antisemit zu sein. Man schwelgt in diesem Gefühle. Es liegt an der Zeit, daß, um die welken und verwüsteten Nerven zu montieren, künstliche Reize begehrt sind. Den holden Rausch, den sonst der den Massen jetzt verlorene Glaube und die entwichenen Ideale gaben, sollen sie ersetzen. Die Reichen halten sich an Morphium und Haschisch. Wer sich das nicht leisten kann, wird Antisemit. Der Antisemitismus ist der Morphinismus der kleinen Leute.

Man will Leidenschaft, Schwung und Taumel, und ihre natürlichen Quellen sind erschöpft. Sie haben keine große Idee, kein sittliches Pathos, die die Wonnen der Begeisterung erwecken könnten. Und weil ihnen die Wollust der Liebe fehlt, versuchen sie es mit der Wollust des Hasses. Man muß nur selber einmal von ihr mit den eigenen Sinnen und Nerven gekostet haben, um ihr verführerisches Gift zu kennen. Wer gehaßt wird, thut im Grunde dabei nichts. Der Jude ist ihnen nur eben bequem. Die Franzosen haben dafür der Reihe nach zuerst den Preußen und dann den Juden und neuestens den Bankier gebraucht und es hat sich ihnen nicht um den Preußen und nicht um den Juden und nicht um

den Bankier gehandelt: es handelt sich immer nur
um den Haß, um die starken Aufregungen, die er gewährt. Wenn es keine Juden gäbe, müßten die
Antisemiten sie erfinden. Sie wären sonst um allen
Genuß der kräftigen Erregungen gebracht.

Das scheint mir die Psychologie des Antisemitismus bei der Masse. Bei den „Führern"
kommt wohl noch etwas dazu. Es giebt kein hand-
licheres Instrument des Demagogen.

Ich plauderte einmal mit Maurice Barrès und
er begeisterte sich für Rochefort. Ich mußte über
den seltsamen Bund des Schwärmers für Wagner
mit dem Hetzer gegen Lohengrin lachen. Aber er
verteidigte den Freund: „Glauben Sie mir, er schätzt
die Würde und den Wert von Wagner so gut wie
Sie oder ich; aber er findet nicht leicht etwas, das
ihm besser die Massen in die Hand geben würde
— wer die Massen meistern will, darf keine Gelegenheit der Leidenschaft versäumen."

Die antisemitischen Führer, denen es nicht bloß
um das Geschäft zu thun ist, sind Prätendenten um
die Gunst des Pöbels, die herrschen wollen. Sie
möchten in ihrem kleinen Kreise so eine Art von
Nietzsche'schen Übermenschen werden, die durch alle
Mittel den Genuß der Macht erwerben. Es kitzelt
sie, auf den Instinkten und Begierden der Massen
wie auf beweglichen Tasten zu spielen, die ihrem
leisesten Drucke gehorchen.

Das meine ich über den Antisemitismus und

meine beswegen, daß man mit Gründen gegen ihn nichts richten kann. Wer Antisemit ist, ist es aus der Begierde nach dem Taumel und dem Rausche einer Leidenschaft. Er nimmt die Argumente, die ihm gerade die nächsten sind. Wenn man sie ihm widerlegt, wird er sich andere suchen. Wenn er keine findet, wird es ihn auch nicht bekehren. Er mag den Rausch nicht entbehren. Heilen könnte ihn nur ein edlerer Taumel, wenn den Massen wieder ein Ideal, ein sittliches Pathos gegeben würde. Vielleicht ist so der Sozialismus der einzige Arzt des Antisemitismus.

Ich will also keineswegs den Antisemitismus „widerlegen", was tausendmal geschehen und immer vergeblich ist. Ich frage einfach, mit welchen Empfindungen und welchen Antworten sich die Gebildeten der verschiedenen Nationen zu dieser Erscheinung im Volke stellen. Vielleicht giebt das für später einmal von der Verfassung des Geistes um 1893 ein ganz kurioses Dokument.

1.

Friedrich Spielhagen.

An die lange, lange Straße, welche den Tier-garten umsäumt, lehnt sich die Hohenzollernstraße: breit, weiß und leer. Es hallt der Schritt, und nichts Menschliches ist zu vernehmen. Nur an der Ecke kauert ein verschrumpftes, dürres Weib und hält welke, gelbe Stengel feil, als ob es Blumen wären.

Ein Haus wie das andere, steif und strenge; alles ist so korrekt. Immer davor ein schmales Plätzchen hinter einem Gitter. Dahin werden im Sommer ein Baum, ein paar Rosen gestellt, und dann sagen sie stolz: Das ist bei uns so hübsch, daß jedes Häuschen seinen Garten hat, was doch in Wien fast gänzlich fehlt.

Im zweiten Stocke. Ich werde in ein Gemach geführt, das eine Mischung von guter Stube, Salon und Atelier ist. Bürgerlich nüchtern in seiner schlich=

ten, pedantischen Ordnung — und doch Chaiselonguen und Causeusen wie bei einer Dame — und in Büsten und Gemälden eine edlere Anmut. Wie das Heim eines besseren Bürgers in der Provinz, der eine trockene Arbeit hat, aber doch in müßigen Stunden gern das Schöne pflegt — eines gelassenen Verstandes, der mit Maß und Weisheit bisweilen auch in Gefühlen billetiert. Fleiß muß sich hier behaglich finden: für eine feinere Empfindlichkeit freilich, die nach erlesenen Sensationen lüstern, wäre es nichts.

Straff und stramm, knapp und regsam, gerade und scharf ist seine Art. Man möchte ihn für einen höheren Offizier oder etwa für einen preußischen Richter nehmen, dem die Zucht seines „Korps" noch immer in den Gliedern steckt; eine disciplinierte Jugendlichkeit ist in jeder Geste. Es wundert mich, den mutigen Kämpfer für die Freiheit so soldatisch, fast sagte ich: polizeilich zu finden. Das Weiche, ja Sentimentale seiner Bücher verhehlt sein Wesen. Er ist sehr gastlich, aber selbst seine Höflichkeit hat immer was Gemessenes und Strenges, wie auf Mensur die Sekundanten mit dem Unparteiischen verhandeln, mit großer Achtung, aber es bleibt etwas von ihrem streitbaren Metier darin.

Ein hartes, starres Profil. Er sieht wie eine rasche Zeichnung aus, die nur das Charakteristische halten wollte; unentschiedene, veränderliche Züge fehlen. Das Haar und das schmale Bärtchen auf der spröden Lippe kurz. Ich kann in dem Dunkel, da draußen langsam schon der letzte Tag verscheidet, nicht gewahren, ob es grau oder von einem helleren Braun ist. Vom Dichter hat der nüchterne und kluge Blick hinter dem Zwicker nichts, sondern eher wie . ein Staatsanwalt und Inquisitor blickt, der spüren will. Die Weitläufigkeit des Stils, den er schreibt, fehlt seiner gedrungenen Rede: er spricht knapp und eilig — die Worte, die zusammen gehören, rapid heraus, aber mit jähen Pausen zwischen den Sätzen, wenn ein neuer Gedanke beginnt, als ob er die logische Ordnung erst besinnen wollte — mehr, wie man diktiert, statt zu plaudern.

„Ich weiß nicht, Herr Doktor, ob Sie sich meiner noch erinnern — ich hatte vor Jahren —"

„Aber gewiß — in der „litterarischen Gesellschaft"! Wir sind ja alte Bekannte."

Wir setzen uns. Er reicht Cigaretten. Und ich bringe meine Bitte vor, mir über den Antisemitismus, was er von ihm denkt, zu sagen.

„Sehr gern. Ich fürchte nur — es wird nicht viel helfen. Gründe, Argumente und alle moralische Entrüstung vermögen gegen ihn nichts. Man hat es oft versucht, und es hat noch nie gewirkt. Von dieser — ich möchte sagen: psychologischen Seite ist er nicht zu fassen. Man müßte von der ökonomischen Seite kommen. Er ist eine ökonomische Frage und verlangt eine ökonomische Lösung. So lange man nicht die wirtschaftlich Schwächeren im Kampfe gegen die wirtschaftlich Stärkeren unterstützt, so lange der kleine

Mann der ökonomischen Macht unbarmherzig ausge-
liefert wird, solange, wie ich es von Thüringen weiß
(und das Gleiche wird aus Baden und aus Württem-
berg erzählt), dieser schändliche Wucher herrschen darf,
wird alle Bildung und Kultur des Geistes gegen den
Antisemitismus nichts richten. Das namenlose Elend,
das der Wucher auf dem Lande . . ."

„Es giebt doch wohl auch christliche Wucherer . . ."

„Ohne Zweifel — aber täuschen wir uns nicht:
die jüdischen sind die Regel. Vielleicht weil die
Juden durch ihre Begabung die wirtschaftlich Über-
legenen sind, vielleicht weil sie keine Skrupel haben,
diese Überlegenheit auszubeuten — ich mag das nicht
entscheiden. Aber hier, in der wirtschaftlichen Not,
ist die Wurzel des Antisemitismus, und hier, mit
der Erstarkung und Gesundung der wirtschaftlich Hin-
fälligen und Verstoßenen, muß die Heilung beginnen.
Er ist eine rein ökonomische Erscheinung. Alles das
Religiöse und Nationale an ihm ist nur Maske und
Schein."

„Das sagen die Sozialisten so ungefähr auch . . ."

„So nennen Sie mich meinetwegen einen Sozialisten. Ich werde nicht widersprechen. Ich bin es,
je mehr ich über die Menschheit und die Zukunft
meines Volkes sinne, immer bewußter und deutlicher
geworden — wenn ich mich auch zu der Partei, die
diesen Namen trägt, wohl nicht bekennen darf, weil
sie mit der ökonomischen Reform, die notwendig

und unvermeidlich ist, allerhand leere und utopische
Schrullen verquickt, die nur verwirren. Aber mit
dem leichten, fröhlichen Manchestertum ist es vorbei,
unwiederbringlich vorbei. Es war vielleicht Bismarcks
größte That, daß er das erkannte und, wenn auch
seine Kraft, wohl seine ganze Art zur Vollendung
nicht mehr reichte, doch den neuen Weg gewiesen hat.
Und wenn Sie nur denken — Altersversorgung, In-
validenversicherung und so weiter, sind wir denn nicht
schon mitten im Sozialismus? Lassen Sie ihn nur
gewähren und uns auf dem neuen Wege rüstig aufwärts steigen, und Sie sollen sehen, wie vom Antisemitismus bald keine Spur mehr ist. Ökonomisch
muß man ihn lösen, weil er nichts als eine ökonomische Frage ist."

„Aber es giebt doch Antisemitismus, der mit der
Ökonomie nichts zu schaffen hat — wie jener der
Studenten zum Beispiel. Man kann nicht behaupten,
daß der jüdische Student der reichere wäre . . ."

„Der reichere nicht, aber überlegen in der Konkurrenz und eine wirtschaftliche Gefahr für unsere
faule, langsame Jugend. Der jüdische Student ist
pünktlich im Kolleg, nimmt die besten Plätze und
schreibt schon lange emsig mit, wenn der verdrossene Ger-
mane, der noch seinen Kater von gestern in den schweren
Gliedern hat, endlich träge auch daher kommt, hinten
auf den schlechteren Bänken sitzen muß und dem Vor-
trag mühsam kaum zu folgen weiß. Das rächt sich
dann im Examen, wo der Jude mehr weiß, und das

beſſere Zeugniß kriegt — das rächt ſich im Leben,
wo der Jude für alle Fälle geiſtig gerüſtet iſt."

„Sie ſprechen jetzt ſelber faſt wie die Antiſe-
miten, die auch den Juden an Intelligenz und Fleiß
den Germanen überlegen ſchildern — was eigentlich
die größte Schmeichelei für die Juden, aber nach
meiner Erfahrung gar nicht wahr iſt."

„An Fleiß unbedingt — an Fleiß ſind ſie unbedingt überlegen. Auch an gewiſſen Gaben des
Geiſtes. Nur für die ganz großen Dinge reichen ſie
nicht. Die durchſchnittliche Intelligenz der Juden iſt
der durchſchnittlichen Intelligenz der Germanen ent-
ſchieden über. Das Höchſte in den Wiſſenſchaften,
in den Künſten bleibt ihnen freilich verſagt."

„Heinrich Heine . . ."

„Gewiß iſt Heine eine Höhe unſerer Litteratur,
aber die neben den Gipfeln wie Goethe und Schiller
doch nur gering erſcheint. Das iſt es ·ja gerade,
was ich ſage."

„Spinoza —"

„Ich bin Spinoziſt ſo durch und durch, in allen
Empfindungen und Gedanken, daß ich den Namen
des Größten nur mit tiefer Ehrfurcht höre. Aber
eine Ausnahme kann doch blos die Regel beſtätigen."

2.

Theodor Barth.

Ich quere durch den Tiergarten, vom Branden-
burger Thor weg, an der lauten und patzigen Säule
mit der unmäßigen Viktoria vorbei, die man gerne
das bravste Mädchen von Berlin nennt, weil sie gar
keine Verhältnisse hat. Links drüben ist die lange,
lange Straße, auf die sie hier sehr stolz sind, weil
man an jedem Hause, wie es geziert und grell be-
laden ist, gleich von außen merken kann, wie viel
Millionen drinnen wohnen. Seine Nummer ist ganz
am Ende, die letzte der langen, langen Straße.

Die freisinnige Partei schätzt Theodor Barth
sehr, weil er vom Schlage der arbeitenden Parla-
mentarier ist, der immer seltener wird. Auf der
Tribüne sieht man ihn nicht oft, aber die Kommis-
sionen kennen seinen Fleiß. Er hat das undankbare
Teil gewählt, von dem die beglückwünschten Redner
lieber nichts wissen wollen: die harte Mühe der po-

litifchen Geschäfte. Man rühmt seine unerschöpfliche,
immer bereite Kraft. Die Bremer schwärmen noch
heute für den einstigen Sekretär ihrer Handels-
kammer, und die „Nation", die er nun das zehnte
Jahr leitet, hat er durch bedachte Sorge und fin-
digen Eifer zum Liebling des bürgerlichen Geschmackes
gemacht.

Er ist klein, unscheinbar, und der schmale blonde
Bart rahmt müde, erschöpfte, fast ein wenig schmerz-
liche Züge. Sie scheinen weich, schwank und ver-
änderlich, und erst wenn er sich in der Rede ereifert,
nehmen sie eine faßliche Entschiedenheit an. Er hat
hinter den Gläsern, aus geröteten Lidern hervor, den
tastenden Blick der Myopen — Jules Lemaitre fällt
mir ein. Er spricht suchend, stockend, oft einen Gedanken zwischen den andern, Sätze durcheinander
schiebend, und eine zaudernde Geste, die sich unent-
schlossen wieder verliert, ein leises Lächeln, eine halbe
Frage endet gern die Rede. Es ist kein Plaudern,
es ist auch kein Sprechen, es ist mehr ein lautes
Denken vor sich hin.

„Der Antisemitismus ist eine Art Sozialismus
der Junker . . . von den Junkern und für die
Junker. Das Nationale und Religiöse dabei ist nur
Hülle und Schein. Die kleinen Junker sind durch
die moderne Entwicklung in das Verderben gedrängt
und dem Untergange bestimmt. Sie vertragen sich
mit den Tendenzen der ökonomischen Entwicklung nicht,
Ihr Verfall ist unaufhaltsam. Natürlich ergeben sie

sich nicht ohne Widerstand, sondern wehren sich nach
Kräften, was freilich nichts helfen wird, weil der
Drang der ökonomischen Prozesse unwiderstehlich, un=
überwindlich ist. Daher ihr Haß gegen diese Ent=
wicklung, die sie tötet — und der handgreiflichste
Ausdruck dieser Entwicklung ist der Jude. Daher
ihre heftige Begierde, sie um jeden Preis zu hemmen
und gewaltsam zu verzögern, indem sie die Macht
des Staates gegen sie mißtrauisch machen und auf
die Seite der Vergangenheit bringen möchten — und
das beste Mittel, die Macht des Staates von der
Entwicklung abzuschrecken, ist wieder der Jude, die
Hetze gegen den Juden. Es ist ganz natürlich, daß
sie die Juden hassen, weil die Juden für sie gleichsam
ein Symbol der verhaßten Zeit sind, die ihr Ende
bedeutet. Es ist ganz praktisch, daß sie gegen die
Juden hetzen, weil nur Aufruhr und Tumult im
Pöbel die Macht des Staates vielleicht ängstigen und
in der natürlichen Entwicklung beirren kann. Dann
mag es ihnen doch am Ende gelingen, sich auf fremde
Kosten wieder ein bischen weiter zu fristen, indem
sich die Macht des Staates dazu hergiebt, sie aus
den anderen zu bereichern — ihre Zölle, ihre Liebes=
gaben, die Steuerpläne des Herrn Miquel, der ganze
Bimetallismus, den sie sich einfach als eine Reduktion
aller Schulden zum Schaden der Gläubiger, als eine
förmliche Seisachtheia denken, alle ihre „Reformen“
wollen sonst nichts, als sie aus den Taschen der
anderen verköstigen. Dazu soll der Antisemitis=

muß helfen, indem er den Staat gegen die moderne
Entwicklung bedenklich macht, ins Bockshorn jagt
und seine erschreckte Macht wieder in ihre Dienste
treibt. Die richtigen Catilinarier, die Aufruhr, Lärm
und Verbitterung brauchen, um im Trüben zu fischen.
Ob darüber der Friede des Landes verdirbt, ja selbst
das Königtum, das sie doch immer im Munde führen,
in Gefahr kommt, das ist ihnen pipe. Sie wollen
immer nur den eigenen Vorteil. Sie brauchen Ver-
wirrung, Unzufriedenheit und den Schein wachsender
Empörung in den Massen. Darum hetzen sie die
schlechtesten Elemente, verkommene Arbeiter, ent=
lassene Beamte, Deklassierte aller Art, dunkle Exi-
stenzen —"

„Was Marx das „Lumpenproletariat" genannt
hat —"

„Ja — das sind ihre Instrumente. Und für die
Führung sorgen Demagogen von Beruf wie dieser
Ahlwardt. Daran ist auch Bismarck schuld, mit der
zügellosen Frivolität und der cynischen Unbedenklich-
keit seiner Politik, daß derlei Leute jetzt überhaupt
möglich sind. Ein Mann, der in jedem Prozesse der
Verleumdung überführt wird — und durch jeden
Prozeß wächst nur die Macht und der Eifer seiner
Partei! Es ist heute bewiesen worden, daß von allen
seinen Behauptungen und Klagen nichts, aber auch
gar nichts, nicht ein Jota, nicht der Schein und
Schatten eines Wortes wahr ist — der Mann macht
ein ungemein vergnügtes Gesicht dazu, lacht uns

alle aus und wird auf der Straße mit einer Begeisterung, mit einem Jubel empfangen, wie nur Bismarck einst in den besten Tagen seiner üppigsten Po-
pularität."

„Wie ist der Mann eigentlich — ich meine
psychologisch?"

„Ich weiß selber noch nicht recht — vielleicht
ein Fanatiker, gewiß ein Spekulant, beides durchein-
ander wunderlich gemischt, wahrscheinlich ein Kranker.
Manchmal scheint er gerade wie von einer fixen
Idee besessen, dabei von einem lächerlichen Wahn seiner
Mission . . ."

„Ein Redner?"

„Keine Spur. Er faselt ganz leer und wirr,
tausend läppische Dinge durcheinander — man weiß
gar nicht, was er will. Es ist einfach ein Rätsel, was
die Massen an ihm finden — außer die gemeine Lust
an der Verleumdung, an der Niedertracht und am
Skandal; der Pöbel will sich amüsieren, und nichts
amüsiert ihn besser, als anständige Menschen ver-
leumdet und beschimpft zu hören. Nun war man auch
noch so unklug, ihn gerichtlich zu verfolgen — da erscheint er dem Pöbel erst gar als echter Märtyrer und
Held. Alle Vernunft ist dagegen wehrlos und ohne Hilfe."

„Aber wie denken Sie denn, daß das weiterhin
wird? Es kann doch nicht so bleiben!"

„Ja . . . das ist schwer zu sagen. Unter nor-
malen Verhältnissen wäre es keine Gefahr. Wir
sind schon mit schlimmeren Dingen fertig geworden.

Aber nun kommt noch diese heillose politische Situation, die niemals närrischer verwickelt war. Stellen Sie sich das nur einmal vor! Wir können uns im Sinne einer gedeihlichen Entwicklung einen besseren Minister als Caprivi nicht wünschen; die Junker können für sich keinen schlimmeren fürchten. Wir haben alle Ursache, ihn zu halten; sie haben alle Ursache, ihn zu stürzen. Aber nun sind wir, in der Militärvorlage, durch unsere Wähler gezwungen, gegen ihn zu stimmen, dessen Fall niemand aufrichtiger als wir beklagen würde; und die Junker sind gezwungen für ihn zu stimmen, dessen Fall niemand bringlicher wünschen kann als sie. Es ist unsere schlimmste Niederlage, wenn wir jetzt siegen; und es ist ihr bester Gewinn, wenn sie diesesmal verlieren. Und um die Lächerlichkeit noch weiter zu treiben — es handelt sich dabei für uns nicht einmal um ein Prinzip. Ein paar tausend Soldaten weniger oder mehr — das ist doch am Ende nur eine Frage des Maßes, die das Prinzip nicht trifft. Wir könnten, ohne dem Programme das mindeste zu vergeben, ganz gut Konzessionen machen. Aber wir dürfen es nicht, weil unsre Wähler nicht wollen — und schließlich sind es die Wähler, welche die Geschichte bezahlen. Wir dürfen doch über ihr Geld nicht gegen ihren Willen verfügen. So ist es gekommen, daß durch uns wahrscheinlich ein Minister fallen wird, den zu erhalten unsere Partei das größte Interesse hätte, zur innigsten Freude der Konservativen, die ihn gegen

uns zu verteidigen scheinen und doch seinen Sturz
schon gar nicht mehr erwarten können."

„Das ist eigentlich riesig amüsant —"

„Ja, wenn es einen weiter nichts angeht, mag
es wohl amüsant sein. Für uns ist es sehr traurig,
und niemand weiß Rat. Und man darf sich zuletzt
nicht wundern, wenn immer mehr gerade die Besten
und Edelsten der Nation sich der Politik schon mit
Ekel entfremden. Wir sind heute so weit, daß man
nur gerade aus Scham und Pflicht noch kandidiert
und jeden, der nicht mehr gewählt wird, beneidet.
Es wird einem alles verleidet, und mancher ehrliche
Freund der Freiheit klagt schon das allgemeine Wahl-
recht an."

„Es ist merkwürdig: Franzosen haben mir, als
ich das letzte Mal in Paris war, oft das Nämliche
gesagt."

„Es scheint eben international: den anständigen
Leuten ist die Politik vergällt, und sie wird immer mehr
ein Geschäft der Spekulanten. Die können sich freilich
gar nichts besseres als solche Zustände wünschen. Ihr
Weizen blüht. Die Staatsbürgerzeitung hat durch
die antisemitische Hetze im letzten Quartal gleich drei-
tausend Abonnenten gewonnen, und dieses Quartal
gewinnt sie vielleicht noch mehr. Wenn einer ohne Gewissen nur den niedrigen Instinkten dient — das sind
die einzigen Leute, die jetzt mit der Politik zufrieden
sind."

„Sie sehen ein bischen schwarz . . ."

„Wir haben auch alle Ursache. Die Zukunft ist, wohin wir immer blicken, trübe, und es giebt eine einzige Hoffnung: das sind die Arbeiter, das ist der Sozialismus. Im Kampfe gegen den Antisemitismus hat sich der Sozialismus zuerst als ein Faktor der deutschen Kultur gezeigt, indem er allen Verlockungen widerstanden und treu bei uns ausgeharrt hat. Und auf den Sozialismus muß man sehen, wenn man wieder ein bischen Vertrauen und Zuversicht gewinnen will. Die Sozialisten sind die verläßlichsten Hüter der Freiheit, die ehrlichsten Diener einer gesunden Entwicklung —"

„Na — ob nun gerade im Sinne der kapitalistischen Interessen —?"

„Ah ... wegen der gewissen ökonomischen Utopien? Die treten doch immer mehr zurück und werden mit der Zeit ganz platonisch. Man verleugnet sie nicht, aber sie spielen doch praktisch gar keine Rolle. Sie sind jetzt nur noch so wie ein frommer Glaube an ein besseres Leben nach dem Tode. Den kann man ihnen ja lassen, und ich habe es für einen groben, taktischen Fehler gehalten, daß Richter gerade jetzt neuerdings gegen sie gesprochen hat. Das hat gar keinen Sinn und Zweck. In allen politischen Fragen sind die Sozialdemokraten heute unsere natürlichen Bundesgenossen, und ich zweifle nicht, daß sie mit der Zeit noch manches abstreifen und sich in eine radikale Arbeiterpartei verwandeln werden, die mit uns Schulter an Schulter kämpft. Wir können nichts eifriger wünschen, als daß sie das nächstemal ihrer 72 statt 36, die sie jetzt sind, ins Haus kommen, und es ist selbstverständlich, daß wir zwischen einem Konservativen und einem Sozialdemokraten immer und überall den Sozialdemokraten wählen werden: denn nur mit ihrer Hilfe allein kann es gelingen, daß wir diese widrigen und schimpflichen Zustände doch am Ende glücklich überwinden und zwingen."

3.

August Bebel.

In der Großen Görschenstraße, ganz draußen, wo der Rest der Stadt schon verendet; die Häuser rücken auseinander, dürftiges Grün winkt, und das leere Land sieht herein.

Eine schmale, stille, helle Stube. Bücher und Schriften, an der lichten Wand schlichte Stiche und Schnitte von Demokraten und Sozialisten; das löwische Haupt des Marx schlägt die anderen; und wieder Schriften und Bücher. Eine freudige, beschauliche und sanfte Stimmung von unbekümmert treuer Arbeit.

Man vergleicht seinen Kopf gern dem Christus. Aber es ist ein sächsischer Christus, weich, schüchtern, fast ein bißchen zimperlich. Die Frauen bei Ola Hansson haben solche müde, traurige Züge, welche durch tägliche kleine Leiden mehr als durch ein großes Schicksal erschöpft und verblaßt sind.

Er empfängt mich mit seiner stillen, guten Herz-
lichkeit. Es war in Paris, daß wir uns das letzte
Mal sahen, 1889, beim sozialistischen Kongresse. Aber
er ist nicht sehr erbaut, wie ich ihm sage, warum ich
komme.

„Man macht mit den Interviews nicht immer die
besten Erfahrungen. Leicht wird etwas falsch ver-
standen, und man kann doch nicht immer gleich be-
richtigen. Da bringen denn die Zeitungen mancherlei,
das gar nicht stimmt, und es giebt Verdruß. Ich weiß
nicht, ob Sie gehört haben, wie man uns auf dem
letzten Kongresse ernstliche Vorstellungen deswegen gemacht hat — es handelte sich um französische Jour-
nalisten; es wurde nicht gerade formell beschlossen,
aber man meinte eben, wir sollten derlei künftig überhaupt lassen.“

Aber allmählich kommt er doch langsam ins Plaudern. Er hat eine schlichte, bedächtige Art, die Worte
aus sich zu holen, während er sinnend das Haupt
ein wenig neigt. Es ist mehr wie ein Monolog mit
sich selbst, den ich nicht stören möchte.

„Bei Ihnen hat man einmal gesagt — ich glaube,
es war Kronawetter —: „Der Antisemitismus ist der
Sozialismus des dummen Kerls.“ Das ist ein hüb-
scher Einfall, aber er trifft doch die Sache nicht.
Die eigentlichen Träger des Antisemitismus, das kleine
Gewerbe und der kleine Grundbesitz, haben von ihrem
Standpunkte aus nicht so Unrecht. Ihnen tritt eben
das Kapital hauptsächlich in der Gestalt des Juden

entgegen. In Hessen und anderen Teilen Süd=
westdeutschlands zum Beispiel, wo ich die Verhältnisse
kenne — da sind die Hypotheken in den Händen der
Juden und die Käufer agrarischer Produkte auf allen
Märkten sind Juden. Dadurch erscheinen alle schlim=
men Wirkungen des Kapitalismus den Leuten immer
in der Gestalt des Juden, und da ist es ganz natür=
lich, daß diese Schichten, die nicht gewohnt sind, viel
über das kapitalistische System zu grübeln, sondern
sich an die Formen und Erfahrungen halten, in
denen es ihnen gegenübertritt, dem Antisemitismus
verfallen. Das Kleingewerbe wird wiederum sehr
stark von der Konkurrenz der jüdischen Handelsge=
schäfte getroffen, so sind die Kleider=, die Schuhwaaren=
läden, die Läden mit Manufakturwaaren 2c. fast aus=
schließlich in Händen der Juden und die Konkurrenz
derselben ist für diese Schichten erdrückend. Bei den
Offizieren und Beamten liegen andere Gründe vor.
Ein großer Teil derselben macht Schulden und der
Kreditgeber ist wiederum sehr oft ein Jude. Daher
ihr Haß gegen dieselben. Die Studenten mögen
wiederum die Juden nicht, einesteils weil sie nicht
selten ebenfalls im Schuldverhältnis zu ihnen stehen,
andererseits weil die Juden als Studierende oft
fleißiger und als Rasse wohl auch intelligenter sind.
Das hängt also alles mit den ökonomischen Zuständen
mehr oder weniger zusammen. Im Osten, wo die
Juden arm und oft Arbeiter, auch Bauern sind, ist
es anders. Was an Juden zu uns kommt, ist meist

schon der ausgesuchtere Teil, es sind die intelligenteren, die in der Konkurrenz die größeren Chancen haben. Und dann das nationale Moment — bei den Romanen fehlt das; die Spanier oder Italiener sind weit mehr mit den Juden vermischt und können oft den Juden von ihrer eigenen Nationalität nicht unterscheiden. Die Deutschen erkennen den Juden leicht und betrachten ihn daher als Fremden, namentlich spielt bei geringer Geisteskultur die Frage der Rasse immer eine große Rolle. So kann man sich den Antisemitismus aus der Thatsächlichkeit der Verhältnisse vollkommen erklären, wozu noch kommt, daß er von allerhand Leuten künstlich gezüchtet und geschürt wird."

„Ja, den Antisemitismus würde das schon erklären, aber es erklärt doch den Zauber nicht, den Leute vom Schlage des Ahlwardt auf die Menge üben, mit Phrasen, die als Verleumdungen bewiesen sind . . ."

„Ahlwardt hat nur den Einfluß, weil er der Schichte von Leuten, die ihm anhängen, im Fühlen und Denken gleich ist. Seinem Anhang genügt es, wenn nur etwas Wahres an den Anklagen ist. Und man kann nicht einmal sagen, daß sie Unrecht haben: denn etwas Wahres ist bisher immer an seinen Geschichten gewesen. Etwas Wahres war auch an den sogenannten „Judenflinten"; es ist gerichtlich erwiesen, daß Unregelmäßigkeiten vorkamen — wie überall; wer selber einmal Arbeiter oder Unternehmer war, wird das wissen. Ich habe zum Beispiel früher Thür-

klinken gefertigt, und da weiß ich, daß es vorkommt,
daß ein Arbeiter mal die Bohrung verfehlt und es
dann eben vertuscht. Also mit den Unregelmäßigkeiten hat Ahlwardt nicht gelogen, aber er hat sie
weit übertrieben; auch treffen sie gerade Löwe nicht,
der sich um das Technische nicht zu kümmern hatte.
Das passiert Ahlwardt überhaupt, daß er mit seinen
Enthüllungen ganz andere Leute trifft, als er treffen
will. Jetzt ja auch wieder. Er hat noch nichts bewiesen, aber es wäre schon möglich, daß an diesen
Geschichten etwas Wahres ist. Schließlich dürfte es
aber kein Jude sein, der von ihm möglicherweise getroffen wird, sondern Miquel, der Liebling der Konservativen, den sie am liebsten schon als Reichskanzler
sähen. So geht es ihm immer. Er ist ein konfuser
Mensch, der sich der Tragweite seiner Handlungen nicht
bewußt ist. Man kann, wie Lieber gestern richtig
sagte, nur noch Mitleid mit ihm haben. Er redet
ohne Sinn, verwirrtes Zeug. Was die Zeitungen
über seine Reden bringen, klingt viel zu günstig.
Wenn er redet, verschwinden die Sätze, die allenfalls
etwas sagen, in einem trüben Wust von Phrasen.
Darum wird auch das deutsche Panama, wie man es
genannt hat, sehr glimpflich enden. Die Dokumente,
die ihm zugänglich sind, sind nicht in der rechten
Hand, die aus ihnen was machen könnte. Die Geschichten sind obendrein alt; man kennt sie von Otto
Glagau, Rudolf Meyer, von der Reichsglocke her.
Aber es scheint, daß er durch den Besitz der Akten

manches beweisen kann, was jene nur behaupteten. Er spricht zum Beispiel von dem Briefe irgend eines Präsidenten aus Rumänien an Miquel, den letzterer zerrissen und in den Papierkorb geworfen hat, wo die Stücke dann von einem Diener gesammelt und zusammengeklebt wurden. Darin soll nun dieser Präsident den Empfang einer Summe bestätigen, die Ahlwardt als Bestechung ansieht. Weiter handelt es sich um die Hannover-Altenbecker Bahn, bei der die Kurse künstlich vor der Verstaatlichung getrieben wurden. Für alles das will er allerhand Dokumente haben. Ob er sie zu verwenden weiß, ist eine andere Frage. Er verzettelt alles. Was er bisher vorbrachte, vermochte er durch nichts zu beweisen. Aber unter seinen Leuten wirken solche Behauptungen deswegen doch. Man glaubt, daß doch etwas daran ist. Uns kann es nur recht sein, wenn sich die herrschenden Klassen unter einander bekriegen und alles Vertrauen wankt und der Ekel vor dieser Ordnung der Gesellschaft wächst. Wir sehen ruhig zu und warten."

4.

Theodor Mommsen.

In Charlottenburg draußen, hinter hellen
Gärten versteckt. Da träumt die Marchstraße still
vor sich; kaum daß es einmal leise aus den Glocken
der Pferdebahn von drüben her verklingt. Da
ist sein nachdenkliches enges Häuschen, das sich scheu
von den anderen weg ein wenig seitwärts drückt.

Ich werde in einen kleinen Salon geführt.
Schwere, ernste, dunkle Möbel; milde, tiefe Farben;
nirgends Tand. Eine feierliche Freude kommt entgegen — wie wenn man in die Galerie des Grafen
Schack tritt. Eine schöne volle Kopie nach Tizian
und rings in Stichen die edelsten Wunder der
Italiener, vom hageren Adel der Präraseliten aufwärts, und die klugen, wunderlichen, herb ver-
führerischen Frauen des Leonardo und die reife
Gnade der Tizianschen Bella. So wandelt Schön-

heit hier vom erſten Wunſch zur reichlichſten Er-
füllung.

Das Alter beugt ihn, und wie er ſich mühſam
ſchleppt, ein bißchen unbeholfen und ſteif, von einer
gezierten Höflichkeit, die aus der Mode iſt, mit einer
verlegenen und ratloſen Güte in den zaubernden
Geſten, das giebt ein unſäglich rührendes Bild.
Der ſchlaffe Leib iſt in einen tiefen, ſchwarzen Rock,
der ſich mit weiten Falten bauſcht, und das morſche
Haupt in den hellen Schein verſunken, den der
lichte Kranz der weißen Locken giebt. Ein Schädel,
der an Voltaire gemahnt, mit der langen, ſcharfen,
ſpitzen Naſe, den erloſchenen und verblichenen
Wangen wie in Bronze, und den dürren, fahlen,
ohne Raſt veränderlichen Lippen, die auf hämiſchen
Spott zu lauern ſcheinen. So könnte das ver-
dorrte, ſchiefe, runzelige, gravitätiſche und zerzauſte
Männchen wohl an ſo einen Profeſſor der Fliegen-
den Blätter von der Laune Oberländers erinnern,
und man möchte lächeln. Aber wenn er dann den
Kopf hebt und dem Gaſte ſeinen Blick giebt, da iſt
in den blauen Augen hinter der ſchmalen goldenen
Brille ein ſolcher Zauber von Macht und Güte, daß
man ſich neigen muß.

Er ſetzt ſich und verharrt, wie er ſpricht, un-
beweglich und ſtarr. Nur die langen, ſchmalen und
verſchrumpften Finger raſten nicht, indem er die
Hand bald an die Stirne preßt, bald über die langen
Strähne ſtreift, bald unter das morſche Kinn ſchiebt

und immer in zitterigen Griffen über seinen stillen
Körper irren läßt, der sich nicht regt. Er spricht
ganz leise, zischelt ein wenig und hat eine seltsame
Art, gern die Lippen zu schnalzen und mit der Zunge
über sie zu wischen, wenn wieder ein paar Worte
gesagt sind.

Ich bringe meinen Wunsch vor, und warum
wir gerade auf sein Wort sehr vertrauen, daß es
wirken und helfen und reinigen wird. Er lächelt
traurig. „Sie täuschen sich, wenn Sie glauben, daß
ich da was richten kann. Sie täuschen sich, wenn
Sie glauben, daß man da überhaupt mit Vernunft
etwas machen kann. Ich habe das früher auch ge-
meint und immer und immer wieder gegen die un-
geheure Schmach protestiert, welche Antisemitismus
heißt. Aber es nützt nichts. Es ist alles umsonst.
Was ich Ihnen sagen könnte, was man überhaupt
in dieser Sache sagen kann, das sind doch immer
nur Gründe, logische und sittliche Argumente.
Darauf hört doch kein Antisemit. Die hören nur
auf den eigenen Haß und den eigenen Neid, auf
die schändlichsten Instinkte. Alles andere ist ihnen
gleich. Gegen Vernunft, Recht und Sitte sind sie
taub. Man kann nicht auf sie wirken. Was soll
man auch einem sagen, der dem „Rektor aller Deutschen" folgt? Der ist nicht mehr zu retten. Gegen
den Pöbel giebt es keinen Schutz — ob es nun der
Pöbel auf der Straße oder der Pöbel im Salon
ist, das macht keinen Unterschied: Canaille bleibt

Canaille, und der Antisemitismus ist die Gesinnung der Canaille. Er ist wie eine schauerliche Epidemie, wie die Cholera — man kann ihn weder erklären noch heilen. Man muß geduldig warten, bis sich das Gift von selber austobt und seine Kraft verliert. Und das kann doch jetzt nicht mehr so fern sein. Endlich muß sich die Pest ja doch einmal erschöpfen, und über Ahlwardt hinaus, noch weiter kann sie doch nicht mehr steigen. Vielleicht kommt jetzt langsam die Wendung zur allmählichen Besserung, Befreiung und Gesundung. Vielleicht verschwindet der Wahn, der so viele Gemüter bethört und unsere ganze Kultur um hundert Jahre zurückgeworfen hat. Aber alle Gründe und die besten Argumente helfen da nichts. Wer Gründen und Argumenten zugänglich ist, der kann ja überhaupt gar kein Antisemit sein. Wer aber nur seinem wilden Hasse gegen Bildung, Freiheit und Menschlichkeit folgt, den werden Beweise nicht bekehren. Der Antisemitismus ist nicht zu widerlegen, wie keine Krankheit zu widerlegen ist. Man muß geduldig warten, bis die im Grunde doch gesunde Natur des Volkes sich von selber aufrafft und den faulen Stoff aus sich wirft. Freilich kann man die Gesundung vielleicht beschleunigen und fördern, wenn man ihr die Unterstützung moralischer Kräfte gewährt. Und da habe ich lange schon einen Gedanken, der mir wirksamer als Ihre Enquête erscheint. Was soll man Ihnen neues gegen den

Antisemitismus sagen? Und wenn man etwas fände,
was würde es nützen? Alle Mittel der Vernunft
wirken da nichts, aber das Gewicht großer Namen,
die Autorität würde vielleicht wirken. Den Ein-
zelnen hört man gar nicht an, aber eine internatio-
nale Erklärung könnte sich doch Achtung erzwingen.
Wenn man einen kurzen Protest gegen
den Antisemitismus verfassen würde,
der in ein paar Sätzen die bekannten
Gründe wiederholte und von allen irgendwie bedeutenden Männern Europas
unterschrieben wäre, ob sie nun zur Wissenschaft oder zur Kunst oder zur Politik gehören,
von den geistigen Edelleuten aller
Länder und Völker — das, denke ich, könnte
seine Wirkung nicht verfehlen. Da wäre ich mit voller
Begeisterung dabei. Gerade Sie, als Österreicher,
könnten es mit Erfolg beginnen: Sie haben ja
das Glück, eine unverdorbene, an Gesinnung und Sitten vornehme Aristo-
kratie zu besitzen, welche ihren Namen
verdient und ihre Traditionen ehrt
und allen Versuchungen des Antisemitismus tapfer widerstanden, ja nicht ge-
zögert hat, sich in das erste Treffen des
großen Kampfes für die Freiheit zu
stellen. Sie könnten so für diesen Protest man-
chen stolzen Namen gewinnen, von dem niemals
seit Jahrhunderten der Ruhm gewichen ist. Das

brächte am Ende vielleicht doch einen ober ben an-
beren zur Besinnung, unb wenigstens wäre unsere
Ehre vor ben Enkeln gerettet, wenn wir ihnen
ein Dokument lassen könnten, das alle Guten aller
Völker im Bunde gegen bie schimpfliche Krankheit
ber Zeit zeigt."

————

5.

Gustav Schmoller.

Ich muß, wie ich da in der großen, weiten
Bibliothek seines Häuschens wieder vor ihm sitze,
der einst mein Lehrer war, an das Wort des Marx
denken: „Der Kleinbürger ist zusammengesetzt aus
einerseits und andererseits.“ Das brauchten wir
damals im Scherze gern für ihn und freuten uns,
wie bedächtig und behutsam er jede Sache zu wenden
und zu deuten wußte, bis jedesmal am Ende sich
Für und Gegen glich und man die Entscheidung
noch etwas verschieben mußte, weil die Frage
augenscheinlich noch nicht reif war. So haben wir
bei dem Meister der historischen Nationalökonomie
sehr viel gelernt, bis wir zuletzt gar nichts mehr
wußten.

Diese „historische Methode“ gab es ja schon vor
ihm. Ich glaube, Hildebrand ist in Deutschland ihr
Vater, und als man die steife Algebra der britischen

Ökonomen verließ, mußte sie gedeihen. Aber er wurde der erste Virtuose der neuen Lehre zum politischen Gebrauche, indem er, was sie jeder Partei empfehlen mußte, an den heikelsten Problemen des Tages bewies, daß sie ein rechter Advokat für alles ist, der gegen jedes seiner Argumente gleich ein ebenbürtiges Argument hat. Das ist doch ungemein nützlich, während es mit den unabänderlichen Gesetzen der exakten Dogmatiker leicht Verdruß giebt. Historisch kann man sich, wie es gerade besser paßt, entscheiden und ist für die Zukunft nicht gebunden, weil doch immer wieder neue Urkunden, Gewerbeordnungen, Stadtbriefe ein neues Licht bringen, das die Dinge wieder anders zeigt.

Wer im Staate vorwärts, aufwärts wollte, ging zu ihm, und er wurde der gefeierte Lehrer. Wer im Staate oben war, liebte seine immer verwendbare Meinung und er wurde Staatsrat. Die „historische Methode" hat sich bewährt.

Und nun sitzt er nach Jahren wieder vor mir, ganz wie damals, in den weichen, schlaffen, bauschigen Kleidern, die ihm was amerikanisch Lässiges geben, mit der langsamen, milden, wie in Pantoffeln gleitenden Rede, in der behaglich und breit die schwäbische Zunge zischt, mit der strengen, von Fleiß und Mühe zerknitterten Miene, die immer durch das spöttische Spiel der winzigen, flinken und verrucht amüsierten Äuglein gegen allen Respekt gestört wird — es ist ein loser Schalk in diesen kleinen, warmen braunen

Blicken, der zu den feierlichen Sätzen, die der Staats=
rat ernst erwägt, ungezogen die wunderlichsten Glossen
schlägt und ohne Ehrfurcht die Gelehrsamkeit am
weißen Barte zupft.

Er ist von meiner Bitte nicht sehr erbaut und
schweigt nachdenklich eine Weile. Dann hebt er
langsam den Kopf ein wenig, den er hörend neigte,
sieht schmunzelnd auf mich, streicht, um den Spott
an den feinen Lippen zu decken, mit der Hand über
den langen weißen Bart, den er biegt und nach=
denklich in den Mund steckt, und es huscht lustig aus
den klugen Sternlein, als ob er ja schließlich nieman=
dem sein Gewerbe stören wollte, und er beginnt. Er
beginnt jeden Satz mit „Vielleicht"; für „Nicht" wird
„Kaum" gesagt und „Etwa" darf nicht fehlen. Wenn
er es manchmal vergißt, so hört man es doch immer
aus dem Tone.

„Ich kann Ihnen eigentlich wohl kaum etwas
neues sagen — Sie finden meine Stellung zur
Judenfrage in meinem Aufsatze über Lasker („Zur
Sozial= und Gewerbepolitik der Gegenwart") er=
örtert; über die eigentliche Grundfrage des Zu=
sammenwohnens verschiedener Rassen werde ich dem=
nächst wohl mal mich öffentlich aussprechen. Diese
Frage, ob verschiedene Rassen mit Vorteil oder nur
mit gewissen Nachteilen und Gefahren einen Staat
bilden, durcheinander wohnen, verkehren, sich ver=
mischen können, ist von der Wissenschaft noch lange
nicht genug erforscht und erörtert, um ein ab=

schließendes Urteil zu gestatten. Daß das Durch=
einanderwohnen, die Mischung und Kreuzung von
Rassen, welche physisch, geistig und moralisch sehr
weit von einander abstehen, schwere Gefahren für
Staat und Kultur bringen muß, scheint wohl un=
zweifelhaft. Führt doch Hehn den Niedergang Roms
in den Jahrhunderten der Kaiserzeit darauf zurück;
haben doch die älteren indischen Kulturstaaten des=
halb die schroffsten Verbote des Connubiums, die
strengste Scheidung der Rassen angeordnet. Was
aber die Juden betrifft, so wäre zweierlei zu unter=
suchen: 1. ob ihre Zahl eine zu große sei, um sie
zu verdauen und zu assimilieren, und 2. ob Ger=
manen und Semiten von einander wirklich in einem
solchen Maße verschieden sind, daß die Mischung
ungünstig wirkte. Bei einem mäßigen Zusatze und
bei einem geringeren Grade von Verschiedenheit
kann ja die Mischung auch große Vorteile bieten,
und die Juden haben gewiß manche Eigenschaft,
deren Aufnahme in den Volkscharakter, in die Sitten
und Gewohnheiten für die Indogermanen wünschens=
wert erscheint. Aber theoretisch muß daran festge=
halten werden, daß unter Umständen eine Rasse und
ihre Kultur durch zu starke Beimischung fremder
Rassenelemente ernstlich bedroht werden kann, und
daß dann an den Staat die Pflicht tritt, auf Maß=
regeln zu sinnen, die das abwehren sollen. Kulis,
Chinesen, Neger und derlei allzu entfernte, von
unserem körperlichen und moralischen Habitus zu

weit getrennte Rassen dürfen ohne Zweifel nicht und zumal nicht in zu großer Menge zugelassen werden, und so kann man wohl unter Umständen auch für eine Beschränkung der Einwanderung aus dem Osten plaidieren — nicht bloß gegen die östlichen, aus Polen und Rußland kommenden Juden, von denen es denn übrigens noch nicht einmal feststeht, ob sie denn überhaupt Semiten und nicht vielmehr Tartaren sind, sondern ebenso sehr auch gegen die Invasion slavischer Landarbeiter mit einem so viel niedrigeren standard of life.

Was die Judenemanzipation betrifft, so stehe ich auf dem Standpunkt, daß Menschen mit einer von der unsrigen zu weit abstehenden Moral als gleichberechtigte Staatsbürger nie zugelassen werden sollten. Wenn ich die Gleichstellung der Juden billige, so thue ich es nicht, weil ich ein Anrecht alles dessen, was Menschenantlitz trägt, hierauf zugebe, sondern weil ich glaube, daß die sittlichen Grundlehren der Rabbiner und der christlichen Pastoren heute unter dem Einflusse der Philosophie des 18. Jahrhunderts wohl so ziemlich ähnliche oder gleiche seien. Aufzuheben ist diese Gleichberechtigung natürlich in unseren mittel= und westeuropäischen Kulturstaaten heute nicht. Man muß nur suchen, die Assimilierung der verschiedenen Rassenelemente zu fördern durch eine einheitliche Bildung und durch Verstärkung der einheitlichen Elemente in Sitte und Moral. Es handelt sich in

dem Assimilierungsprozeß darum, den äußeren An=
stand und den Frieden aufrecht zu halten, nicht zu
hetzen, die guten Elemente des Judentums gut, die
schlechten schlecht zu behandeln, das heißt, sie als
Einzelne je nach ihrer Person, nicht als Stand,
als Klasse zu behandeln. Ich habe mich stets be=
müht, den anständigen und talentvollen Juden als
gleichberechtigt und voll zu behandeln, ihn zu för=
dern, wo es gerecht war, zu begünstigen, aber auch
die schlechteren Elemente, hauptsächlich die, welche
n u r durch eine gewisse Findigkeit, Pfiffigkeit, Be=
weglichkeit und Frechheit sich auszeichnen, abweisend
zu behandeln. Erschwert wird der Assimilierungs=
prozeß durch die Empfindlichkeit der Juden, die sich
alle solidarisch und, wie man an einen von ihnen,
an irgend eine von einem Juden begangene Schlech=
tigkeit rührt, sich gleich alle getroffen fühlen. Das
verzögert eine unbefangene Erörterung der Frage, in
die sich dann auch noch gewisse soziale und wirt=
schaftliche Momente mischen. Unsere haute finance
und Börsenwelt ist fast durchaus jüdisch, ebenso die
kleinen ländlichen Kreditgeber, die Viehhändler und
Viehversteller 2c., und daß in diesen Kreisen manche
Ungehörigkeit, manche Räuberei vorkommt, müssen Sie
als einstiger Sozialdemokrat ja wissen und zugeben."

„Ich glaube nur nicht, daß der arische Kapi=
talist irgendwie sympathischer ist als der semitische."

„Vielleicht doch — oder er wird wenigstens von
dem arischen Arbeiter sympathischer empfunden, weil

er doch immer ein gewisses verwandtschaftliches Ge-
fühl für sie behält, das den Juden fehlt, und darum
auch wohl mit einer größeren Schonung, mit einer
geringeren Härte zu verfahren eher geneigt ist. Das
muß auch berücksichtigt werden. Aber das Ent-
scheidende bleibt die Rassenfrage, die wohl eine gründ-
lichere Untersuchung und Erforschung verdient, als
sie bisher erfahren hat."

6.

Pastor J. Schmeidler.

Ich warte in einer schmalen, stillen Stube, die
scheue, graue Farben und eine dürftige Behaglichkeit
hat. Ein Schreibtisch, ein Sofa, ein Lehnstuhl,
Schränke, eine große Büste Luthers, kleine von Goethe
und Schiller, ein Glaskasten mit Schmetterlingen
und Käfern. Es dauert eine Zeit, und ich höre
nebenan, ohne zu verstehen, den Wechsel zweier Stimmen, einer ängstlichen und ratlosen, die fragt, und
einer tiefen, weichen, milden, die tröstet nnd hilft.
Draußen geht die Klingel oft. Es ist knapp vor
Ostern, und da häufen sich die Sorgen des Predigers,
der von den Kindern seiner Pfarre mit herzlicher
Liebe verehrt und recht wie ein schlichter Heiliger
gehalten wird, der für jede Not der Seele immer
Rat und Zuspruch hat.

Der mit der kläglichen, beladenen und suchenden
Stimme scheidet. Ich komme in ein großes, weites

Gemach mit vielen Büchern und Schriften auf Pulten und Stellen, und darüber sind strenge, feierliche Stiche, die Frömmigkeit und Schönheit geben. Der Pastor ist ernst und milde. Die dantesken, scharfen Züge durch eine stille Güte verklärt, und der weiße Bart, die weißen Locken rahmen einen hellen Schein um die sanfte, gelassene Miene.

Ich bringe meine Bitte vor und er will sie erfüllen. Er ist immer bereit, zum Frieden, zur Versöhnung zu wirken. Nur jetzt im Drange der österlichen Pflichten kann er mich nicht hören, mir nichts sagen, und er will mir lieber einige Zeilen senden, die seine Meinung deutlich verkünden.

Er hat mir dann diesen Brief geschickt:

Berlin, den 4. April 1893.

Sehr geehrter Herr!

Auf Ihren Wunsch, meine Stellung zum Antisemitismus mit ein paar Sätzen zu kennzeichnen, kann ich nur erklären, daß ich weder vom christlichen noch vom nationalen Standpunkt aus jemals Veranlassung gefunden habe, die Juden als solche zu bekämpfen, und daß ich in der Bildung einer politischen Partei mit dieser Tendenz immer nur eine Verirrung sehen kann, hinter der ich andere Ursachen argwöhne. Als Christ kenne ich nur das wirklich Gute oder Böse, als Staatsbürger nur das Gesetzliche oder Ungesetzliche. In der Behauptung, daß gewisse Formen des Bösen im sozialen Leben mit dem Judentum

als solchem zusammenhängen, kann ich bis jetzt nur
die unzulässige Übertragung einzelner Beobachtungen
auf das Ganze erkennen, würde aber auch, wenn diese
Behauptung besser begründet wäre, als sie es bis
jetzt ist, dafür eine historische Betrachtung verlangen,
die zugleich andere Mittel der Gegenwirkung an die
Hand geben würde als den Antisemitismus. Eine
strenge Prüfung der im Judentum etwa vorhandenen
Schäden erwarte und verlange ich vornehmlich von
diesem selbst.

Dies meine prinzipielle Stellung zu der Frage
in der mich meine persönlichen Erfahrungen in mancherlei Berührungen mit Juden und namentlich auch
mit zahlreichen Proselyten, deren Übertritt ich immer
nur nach längerem Verkehr vermittelt habe, bisher
nur bestärkt haben.

Mit vorzüglicher Hochachtung

ergebenst

Schmeidler, Prediger.

7.

Maximilian Harden.

1861 geboren; 1881 ein kleiner Mime ohne
Glück und Hoffnung; 1890 ein Recensent in Wochen-
schriften, auf den die Kenner zu merken beginnen;
1891 der gehaßte Spötter von Berlin; 1892 der
einzige Journalist der Deutschen im europäischen
Stile; 1893 der Freund des großen Kanzlers und
der Sieger im Prozesse um die „Erziehung" des
Monarchen. Eine ganz hübsche Karriere. Es ver-
lohnt sich wohl, von dem Manne, mit dem Manne
zu reden und seine Wandlungen, Entwicklungen zu
erzählen.

Als ich 1890 nach Berlin kam, war es dort
wunderlich. Sie stritten mit Geschrei und gierig
gegen und für die „neue Kunst", und heftige Versuche,
die Lyrik, das Drama, den Roman zu erneuern, ge-
langen. Aber die Kritik wurde von dem jungen
Schwunge vergessen, rückte nirgends vorwärts und

blieb ungestört in der Schablone, patriarchalisch bei
den einen, die ohne Sinn und Grund und Zweck,
immer mit dem gravitätischen „Wir", rechte Paschas,
bald gnädig ermunterten, bald strenge warnten, ver-
meintlich ironisch bei den andern, die ohne Achtung
nur witzelten und nach dem billigen Ruhme der
Amuseure geizten, oder gar magisterlich bei stecken-
gebliebenen Privatdozenten, die unveränderlich jeden
Tag das Dogma aus dem Seminar irgend eines
Germanisten wiederholten. Nur in zwei Wochen-
schriften, der Nation mit dem Namen M. Kent, der
Gegenwart mit dem Zeichen M. H., gab es Be=
sprechungen der Bühnen, welche eine moderne Note
hatten und sich von Jules Lemaître, Anatole France,
Octave Mirbeau nicht zu sehr entfernten. Dieser
M. Kent und M. H. war ein unbekannter Jüngling
ohne Abah, der die Cliquen mied, und wer nach ihm
forschte, konnte von seinem Talente Gutes hören,
das nur leider störrisch sei und, weil es sich in kein
Herkommen schicken wollte, seinen Weg verfehlen
würde. Das waren die Anfänge Maximilian
Hardens.

Gegen das Herkommen war seine Weise freilich,
und wer sie an den üblichen Forderungen maß, mußte
sich entsetzen. Er „richtete" nicht nach den verläß-
lichen Normen einer unwandelbaren Ästhetik, citierte
keinen Aristoteles noch Lessing, als höchstens, um
ohne Ehrfurcht ihn am Barte zu zupfen, den würdi-
gen Frenzel, folgte keiner „Schule", verkündete keinen

„ismus", und oft wußte der gute Publikus, der doch
in Berlin intelligent sein muß, am Ende von vier
Spalten gar nicht, ob es denn eigentlich gelobt oder
getadelt war. Er hatte für die Werke der Künstler
nicht einmal, wie Georg Brandes von sich sagt, den
Eifer des Botanikers für Pflanzen, die er bestimmen
und in Klassen bringen möchte. Er war ohne Heil
der critique subjective et personelle ganz verfallen,
die den alten Ferdinand Brunetière so kränkt. Er
sprach eigentlich gar nicht von den Künstlern und
ihren Werken, die er „kritisierte", sondern sprach viel=
mehr gelegentlich dieser Künstler, dieser Werke immer
nur von sich selbst und immer nur sich selbst wollte
er in den Recensionen gestalten, wie sich ein anderer
in Gedichten, Dramen, und Erzählungen gestaltet.
Er behandelte das Thema, wie Goethe in der „Ita=
lienischen Reise" jenes Land und jenes Volk be=
handelt, die er nicht schildert, sondern als Gelegen=
heit braucht, als Reiz und Stoff zugleich, sich selber
auszudrücken, die eigene Sehnsucht und das eigene
Glück und alles Erlebnis der Nerven und Sinne.
So war er recht der gute Kritiker nach der Formel
des Anatole France: „Le bon critique est celui
qui raconte les aventures de son âme au milieu
des chefs-d'œuvre." Nur daß es gerade nicht
immer chefs-d'œuvre waren, welche die Abenteuer
seiner Seele bestimmen. Aber dafür mochte er
schließlich nichts können.

Die Berliner wurden von dieser lyrischen Kritik

sehr verdußt und wußten sie gar nicht zu deuten,
aber weil sie sie amüsierte, nahmen sie ihn nicht
ernst: sie wollen, wenn sie respektieren sollen, ge
langweilt sein. Er kümmerte sich wenig, und jede
Warnung der erschreckten Freunde, daß er es zu
keinem Paul Lindau bringen würde, drängte den
Troßigen nur noch weiter. Es waren die wunderlichsten Referate vom Theater, die man erdenken
kann, oft mehr Gedichte in Prosa, oft höhnische Sa-
tieren und hänselten dazwischen das letzte Ereignis,
zeichneten von der Straße, aus dem Salon Karrika-
turen, und streiften tausend Dinge, wie es der Laune
just gefiel, und wurden so unter der Hand von selber,
ohne daß er es geplant und recht besonnen hätte,
zur Causerie, welche die Franzosen chronique nennen.
Er begann, ohne erst eine kritische Gelegenheit zu
erwarten, die Ergebnisse der Woche zu glossieren, der
Recensent wurde zum chroniqueur, und es kamen
die berühmten Aufsäße des „Apostata"*), welche den
„Kaiserhof" und bald die ganze Stadt begeisterten
und empörten, wie kein deutscher Journalist zuvor
begeistert und empört hat.

Eine Zeit machte ihm das Spaß. Es machte
ihm Spaß, alle Mittel dieses Gewerbes zu erlernen,
alle technischen Kniffe und Ränke, welche die tägliche
Übung der Albert Wolff, Emile Blavet, Henri

---

*) Gesammelt in zwei Bänden. Verlag von Georg Stiele,
Berlin.

Fouquier gebildet hat, welchen er sich an leichter
Grazie und frecher Verve bald getrost vergleichen
durfte. Es machte ihm Spaß, wöchentlich allerhand
Größen zu zausen und das tödliche Wort zu feilen,
das der Refrain der nächsten acht Tage wurde.
Aber auf die Dauer konnten seinen unter allem
heiteren Schein doch immer strengen und wahrhaften
Trieben die künstlichen Scherze dieses esprit fabriqué
nicht genügen, und auf die Dauer konnte auch, weil
in Berlin, das unverbundene Gruppen hat, die Gesellschaft und das mondaine Leben fehlen, der er-
schöpfliche Stoff nicht reichen, und er merkte die
Gefahr, bald nur noch für irgend eine Clique, für
ein Café, für einen Tisch zu schreiben, die allein
seine sonst geheimen Anspielungen verstehen könnten.
Er brauchte ein Thema, das jeden Deutschen im Ge-
müte traf: seine chronique wurde politisch.

Er nahm die Politik, wie der Maler die Farben
nimmt, weil ihm da oben in der Ecke noch ein heller
Fleck zur Wirkung fehlt, wie der Dichter einen Gedanken nimmt, weil sein reicher Klang den Rhythmus
trägt, wie der Turner eine Stange nimmt, seine ge-
schmeidigen Kräfte an ihr zu zeigen. Sie bot ihm
die besten Effekte. Er sucht einen geläufigen Stoff
und geläufiger war nichts als die unberatenen Experi-
mente des jungen Kaisers, der lärmend Ruhm begehrte.

Der politische chroniqueur ist immer polemisch
und immer in der Opposition. Er muß es sein.
Die Technik verlangt es. Man kann in diesem